Der Schneck, der Rabe und die kitzlige Buche

Text | Henning Köhler

Illustrationen | Johanna Schneider

| Edition Werkstatt Basel - Kinderbücher 2011

Es ist noch gar nicht lange her,
Allerhöchstens ein, zwei Wochen,
Da ist ein junger Schneckerich
An einer Buche hochgekrochen.

Im Schneckentempo kroch er hoch,
Ganz langsam, wie´s die Schnecken machen,
Er ließ sich alle Zeit der Welt.
Da fing die Buche an zu lachen.

Aus vollem Halse lachte sie,
Bis Neufundland war´s zu hören.
Der Schneck, an Ungemach gewöhnt,
Ließ sich davon gar nicht stören.

Sie fand jedoch kein Ende mehr
Und war vor Lachen bald ganz heiser.
Der Schneckerich, nun leicht verstimmt
Bat: «Bitte, geht´s ein bisschen leiser?

Auch wünschte ich, Verehrteste,
Dass Sie mal kurz so freundlich wären,
Mich über das was Ihnen hier
So witzig vorkommt, aufzuklären.»

«Gar nichts ist witzig», quietschte sie,

«Zum Heulen wär´s, müsst ich nicht lachen!

Es juckt so schrecklich, sapperlot!

Und ich kann nichts dagegen machen.»

Das hörte, reiner Zufall war´s
Ein Kolkrab, der im Baum daneben
Auf einem hohen Aste saß,
Der krähte: «He, wenn ihr mal eben

Die Güte hättet, still zu sein,
Eventuell könnt ich euch raten!
Es kam schon ziemlich häufig vor,
Dass Leute mich um Hilfe baten...

Wir Raben sind, wie jeder weiß
Sehr klug, wir sind schon so geboren.
Drum, Herr Schneck, verehrte Buche
Vertraut mir und spitzt eure Ohren.

Dir, Frau Buche, rat` ich dringend:
Bleib cool, du musst dich nur entspannen!
Und du, Herr Schneck, machst bittesehr
Schleunigst kehrt und kriechst von dannen.»

«Sehr weise, echt, oh Gott, wie klug!»
Die Buche war mordsmäßig sauer.
«Da ist ja jede Stubenfliege
Und jede Zecke zehn Mal schlauer!»

So verärgert war die Gute
Dass Stamm und Äste, ungelogen
Laut knisterten und obendrein
Sich schüttelten, dehnten und bogen.

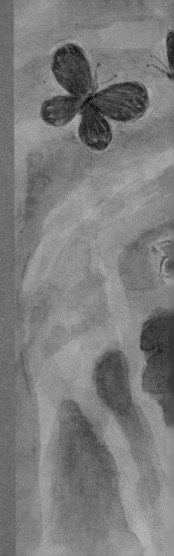

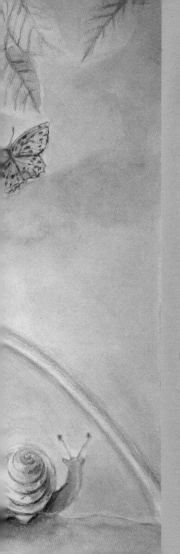

Das war nicht der Wind, nein, das war

Ein veritables Zornesbeben.

Und sie vergaß vor lauter Zorn

Das Jucken. So kann´s geh´n im Leben.

Die Buche grollte,

Der Kolkrab lachte,

Während sich der Schneckerich

Gemächlich auf den Heimweg machte.

Reihe:
WiKi - Büechli
Edition Wirkstatt
ISBN:
978-3-9524677-0-1

Henning Köhler | Text

Geboren 1951, ist ein deutscher Heilpädagoge, Kinder- und Jugendtherapeut sowie Buchautor. 1986 gründete er die Heilpädagogische-Therapeutische Ambulanz, die seit 1987 einen Teil des Janusz-Korczak-Institutes in Nürtingen (JKI) bildet. Er berät Schulen und Kindergärten, unternimmt Vortragsreisen im In- und Ausland und publiziert in diversen Zeitschriften. Er ist Gastdozent an der Alanus-Hochschule (Alfter) und seit vielen Jahren Kolumnist der Zeitschrift «Erziehungskunst». Bücher von Henning Köhler wurden in zwölf Sprachen übersetzt.

Johanna Schneider | Illustrationen

Geboren 1963 in Mediasch (Siebenbürgen/Rumänien) ist Mutter von zwei erwachsenen Söhnen. Sie hat den Beruf zur staatlich anerkannten Erzieherin gelernt und danach in Ottersberg Kunsttherapie studiert. Johanna Schneider hat viele Bilder zu zahlreichen Kinderbüchern illustriert und Wandbilder gemalt. Sie arbeitet als freie Illustratorin und Kunsttherapeutin und leitet zusammen mit Urs Weth seit 2014 die Wirkstatt Basel. Dort gibt sie Malkurse für Kinder und Erwachsene. Zudem ist sie als Dozentin an verschiedenen Volkshochschulen tätig.

Verein Wirkstatt Basel

Der «Verein Wirkstatt Basel» wurde 2015 aus der «Wirkstatt Basel», die seit 1995 besteht, von Urs Weth und Johanna Schneider gegründet. Er ist als gemeinnütziger Trägerverein Mitglied des Quartiervereins Gundeldingen. Im Rahmen seiner Tätigkeiten bietet er Kunsttherapie für Kinder, Jugendliche und Erwachsene an. Die Schwerpunkte sind Malen und Plastizieren. Darüber hinaus werden auch Malkurse angeboten. Darin eingebettet entstanden bereits einige gedruckte Bücher unter dem Motto «Kinder machen Bücher für Kinder». Der Verein bietet zudem kleinere Events oder Lesungen an, organisiert gelegentlich auch Ausstellungen und ist zudem ein kleiner Verlag mit Schwerpunkt Kunst und Kultur.